We can change the world and make it a better place. It is in our hands to make a difference.

NELSON MANDELA

Contents

TABLE CONTENTS

TABLE DES MATIERES

Nous pouvons changer le monde et en faire un monde meilleur. Le changement est entre vos mains !

NELSON MANDELA

MICHEL MORISSET

Message from the Governor

<<<<<<<<

I have just returned from a week of training with The Lions International office team with Lions governors from across the world, in St Charles, Illinois.

I returned with the conviction that all people of the same generation, even though we are of various nationalities, races and cultures, share the same destiny. On everyone's lips was the same refrain, "global economic crisis", "threat of nuclear war", "globalization", etc.

We heard vice governors and trainers discussing club attrition in all countries, and the aging of membership, due to lack of interest among young people.

These challenges are not simple because of differences in worldview. The rising generation reproaches their elders for leaving them a world in beyond recovery and going up in flames. On the other hand, their elders complain about the lack of a sense of responsibility on the part of their young people.

When I was new to Lionism, what impressed me the most was the unity of vision in our motto: "We serve". I regret that I became a Lion only eleven years ago. I did not have the opportunity to experience membership in Alpha Leos for the 12-18 age group, or the Omega Leos for the 18-30 age group.

Now at 74 years old I am governor of Haiti. My aging hands and knees tremble even as I launch a patriotic appeal to the youth of my country. Go forward, open your valiant and youthful hands and take back the destiny of Haiti, which will rise again to pursue our noble call. "We Serve"!

This motto is not only a rallying cry. It is a model of development. Haitian Lionism has three branches that serve Leos and Lions as well as entire communities; The **Leadership** branch, the **Service** branch and the **Overseas** branch, (which is the Haitian diaspora). Generally, these services are oriented for Leos and for the community. Lions target school communities, with social and economic development as our main motivation.

MESSAGE FROM THE GOVERNOR CONTINUED

The vision for our school cooperative program is for larger school communities to obtain self-sufficiency. And Alpha and Omega Leos are the first beneficiaries. Programs include athletics, musical training and performance, and economic development.

The athletic program is designed for the broader school community, which will develop excellent athletes in the schoosl and in the Omego Leo community.

Our music program will give birth to an inter-departmental orchestra of international influence throughout the country. And our Leos will play a leading role in this.

And finally our community financial network will ensure stable and sustainable socio-economic development through leadership, entrepreneurship, and partnership.

The Lions Quest program is a civic and moral education curriculum that will equip Leos in school communities and encourage leadership, patriotism and humanitarian philosophy.

Beginning this year, clubs will start with a clean slate. No club shall be in arrears in the payment of its membership dues. We will create a celebratory atmosphere while we spotlight historical events of national and international importance. And we will do our best to integrate our district into the Lions Clubs International program.

An exchange and side-by-side program between overseas Haitian clubs and Haitian national clubs will allow us to participate in a grand way in rebuilding the image of Haiti.

"WE SERVE!"

Michel Morisset, Governor 2023-2024

MICHEL MORISSET
Message du Gouverneur

Je reviens d'une semaine de formation organisée à St Charles, Illinois par l'équipe du bureau International des Lions à l'intention des futurs Gouverneurs lionistiques du monde entier.

Je suis revenu avec la conviction que les gens d'une même génération, tout en étant de nationalités, de races et de cultures variées, partagent le même destin. Sur toutes les lèvres, le même refrain : crise économique mondiale, menace d'une guerre nucléaire, mondialisation…

Au niveau des clubs Lions, on entend les vice-gouverneurs et les formateurs discuter de déperdition d'effectif dans tous les pays, et de vieillissement des clubs par manque d'intérêt chez les jeunes. Les défis ne sont pas simples à cause des divergences de vision du monde. La génération montante reproche aux ainés de leur léguer un monde en flammes et irrécupérable. Les ainés, eux, se plaignent de la légèreté et du manque de sens de responsabilité des jeunes.

Ce qui m'a le plus frappé à mon arrivée dans le Lionisme est l'unité de vision avec la devise : « Nous servons ». Ce que je déplore le plus est le fait que je suis devenu Lion il y a onze ans seulement. Je n'ai pas fait l'expérience des Leos Alpha réservée à la tranche d'âge de 12 à 18 ans, ni celle des Leos Omega qui concerne les 18 à 30 ans.

Je suis Gouverneur à 74 ans, mes mains languissantes et mes genoux tremblants lancent un appel patriotique à la jeunesse de mon pays. Avancez, ouvrez vos mains vaillantes et irrésistibles, prenez la vocation du Lionisme qui doit se lever pour éclairer la voie à tout un peuple. « Nous servons ».

Nous avons réussi à adopter cette devise comme un moyen de vivre, un cri de rassemblement, un modèle de développement. Le Lionisme haïtien a trois branches qui sont toutes au service des Leos et des communautés tout entières : il y a la branche du Leadership, la branche de service et la branche d'outre-mer, celle des Haïtiens de la diaspora. En général, nos services sont orientés vers les Leos et les communautés.

Nous ciblons les communautés scolaires. Le développement social et économique est notre motivation principale. Notre appui au programme de coopératives scolaires envisage l'autosuffisance des communautés scolaires élargies. Les Leos Alpha et Omega en seront les premiers bénéficiaires. Nous soutenons un programme sportif, conçu à l'intention des communautés scolaires élargies, dans le but de faire des vedettes parmi les Leos Omega scolaires et communautaires.

Un programme musical fera naitre un orchestre interdépartemental de rayonnement international. Nos Leos y joueront un rôle prépondérant. Un réseau financier communautaire garantira un développement socioéconomique stable et durable par l'encadrement, l'entrepreneuriat et le partenariat.

Le Lions Quest est un programme de formation civique et morale qui équipera les Leos des communautés scolaires sur le plan patriotique et humanitaire. A partir de la présente année lionistique, aucun club ne devra être en retard dans le règlement de ses droits de membres. Il y aura toujours une atmosphère de fête qui se traduira par les célébrations d'évènements historiques d'envergure nationale et internationale.

Nous ferons de notre mieux pour intégrer notre district dans le programme du Lions Club International.

Un programme d'échange et de jumelage entre les clubs haïtiens d'outre-mer et les nôtres nous permettra de participer grandiosement à la reconstruction de l'image d'Haïti.

"NOUS SERVONS !"

Michel Morisset, Gouverneur 2023-2024

THREE BRANCHES *of* *Lions*

01

The Leadership Branch manages the official business connected to Lions Club International, including Lions and Leos. This branch plans Lions training at all levels and guarantees the transition between the Leo Alpha, Leo Omega and adult Lions clubs.

02

The national branch under the leadership of the Lions Foundation of Haiti is concerned with community development and emergency aid (using the model of the LCI Foundation). This is **The Community Branch.**

03

The third entity is represented by the Lions of the Haitian diaspora abroad. This is **The Overseas Branch.**

Three Branch
ORGANIZATIONAL STRUCTURE

HAITIAN LIONISM (Training)

- Lions Clubs & LEOS Clubs
- Creation and strengthening of national leadership, and training LEOS and Lions
- Governor : Michel Morisset

COMMUNITY BRANCH

- Haiti Lions Foundation
- Socio-economic projects of development
- President of the Foundation: William Eliacin

LEOS AND LIONS OF THE HAITIAN DIASPORA

- Lions & LEOS Clubs in Haiti
- Establishment of Leos and Lions clubs in the Haitian diaspora
- Manager : Christifor Cinord

TROIS BRANCHES *des Lions*

01

La Branche Leadership du lionisme gère l'aspect officiel relié au Lions Club International ; elle inclut Lions et Leos. Cette branche planifie la formation lionistique à tous les niveaux. Elle garantit la transition entre les étapes Leo Alpha, Leo Omega et Lions.

02

La branche nationale sous l'égide de la Fondation des Lions d'Haïti: elle s'occupe du volet du développement et de l'aide d'urgence (sur le modèle de la Fondation du LCI). C'est **La Branche Communautaire**

03

La troisième entité est représentée par les Lions de la diaspora haïtienne à l'étranger.C'est celle des **Haïtiens de la Diaspora.**

STRUCTURE ORGANISATIONNELLE

LIONISME HAÏTIEN (Formation)

- Clubs Lions et clubs LEOS
- Création et renforcement d'un leadership national, formation des Leos et Lions
- Gouverneur : Michel Morisset

BRANCHE COMMUNAUTAIRE

- Fondation des Lions d'Haïti
- Appui à des projets socioéconomiques de développement
- Président de la Fondation: William Eliacin

LEOS ET LIONS DE LA DIASPORA HAITIENNE

- Clubs Lions et clubs Leos
- Création de clubs Leos et Lions dans la diaspora haïtienne
- Responsable: Christifor Cinord

HAITIAN LIONISM

Branch One

VISION

1. Make Lionism known to all Haitians in Haiti and abroad.
2. Educate the Lions of Haiti in the spirit, principles, and vision of Lionism.
3. Help clubs become financially self-sufficient and participate in the collective effort of the LCIF Foundation.

GOALS

1. Train teams of Guiding Lions throughout Haiti and the Haitian diaspora.
2. Train the Lions of Haiti in the study, development, and execution of collective projects to assist their communities.
3. Pursue the creation of new specialized clubs across Haiti.
4. Create LEOS clubs which raise up a new generation for future Lions clubs.
5. Engage and mentor Alpha and Omega Leos in programs designed for them and beneficial to their communities:
   a. Lions Quest
   b. Sports
   c. Music
   d. School Co-operatives
   e. Co-operative funds / Financial network
2. Develop a partnership between schools on both sides of the ocean.
3. Organize meetings for the promotion of Lionism in the Diaspora.

District P's mission is to reduce the dropout rate in clubs in Haiti, by increasing the number of members of each club and multiplying the number of clubs. The self-sufficiency of the clubs is also a challenge that District P of Haiti wants to take up.

Lions clubs are aging around the world, and a serious concern is connecting with young people to grow the next generation of Lions. Because of the tremendous growth of LEOS clubs in Haiti schools and wider school communities, this problem will be successfully addressed.

Haiti District P has also increased their influence by pursuing and developing partnerships with several other organiaztions. Today, there are LEOS clubs in schools in all ten geographical departments of Haiti.

Lionism now trains the trainers and creates leaders in all Haitian communities.

Lionism is pioneering international relations and facilitates business relationships between clubs, technical and professional entities, tourism. The possibilites and connections are endless.

The
Mission

self-sufficiency, youth recruitment, & partnerships

LIONISME HAÏTIEN

Branche Un

SA VISION

1. Faire connaitre le Lionisme à tous les Haïtiens en Haïti et à l'étranger.
2. Eduquer les Lions d'Haïti dans l'esprit, les principes et la vision du lionisme.
3. Aider les clubs à devenir financièrement autonomes et à participer à l'effort collectif de la fondation LCIF.

SES OBJECTIFS

1. Former des équipes de Lions guides encadreurs à travers toute Haïti et la diaspora haïtienne.
2. Former les Lions d'Haïti dans l'étude, l'élaboration et l'exécution de projets collectifs pour assister leurs communautés.
3. Poursuivre la création de nouveaux clubs spécialisés à travers Haïti
4. Créer des clubs Leos qui seront une pépinière de futurs clubs Lions.
5. Mobiliser et encadrer les Leos Alpha et Omega dans des programmes conçus pour eux et utiles à leurs communautés :
    a. Lions Quest
    b. Sports
    c. Musique
    d. Coopératives scolaires
    e. Caisses coopératives / Réseau financier
6. Développer un partenariat entre écoles des deux côtés de l'océan.
7. Organiser des réunions pour la promotion du Lionisme dans la diaspora.

Le District P se donne pour mission de réduire le taux de déperdition dans les clubs d'Haïti, par l'augmentation des effectifs de chaque club et la multiplication du nombre de clubs.

L'autosuffisance des clubs est aussi un défi que veut relever le District P d'Haïti.
En troisième position, les clubs Lions vieillissent à travers le monde, et c'est un réel souci de trouver des jeunes pour la relève. Donc grâce aux Leos de nos écoles et des communautés scolaires élargies, ce problème est en passe d'être résolu.

Le District a aussi élargi l'espace de sa tente pour développer un partenariat avec plusieurs autres entités, et aujourd'hui il y a des clubs Leos dans des écoles dans les dix départements géographiques d'Haïti.

Le Lionisme maintenant joue son rôle de formateur de formateurs et de créateur de leadership dans toutes les communautés haïtiennes.

Le Lionisme est le pionnier dans les relations internationales. Il facilite les relations d'affaires entre les clubs, les relations techniques et professionnelles, les relations touristiques etc

La Mission

autosuffisance, recrutement de jeunes et partenariats

MEMBERS

MEMBRES DU CABINET

Michel Morisset
Governor/Gouverneur

William Eliacin
Fondation des Lions d'Haïti
President/ Past Gouverneur

Jean-Claude Cadet
Premier/First
Vice-Gouverneur

Lionel Rabel
Deuxième Vice-Gouverneur
Second Vice-Governor

Claire Chappuis
Secrétaire/Secretary

Cabinet
MEMBERS
MEMBRES DU CABINET

Berlins Belande Kersaint
Secretary for LEOS/
Secrétaire pour les Leos

Tad Walton
Trésorier/Teasurer

Géthro Morisset
Trésorier Adjoint/
Adjunct Treasurer

Bedel Renault Cador
Encadreur Communautaire
et Pédagogique des
Leos/Community and
Educational Coach for Leos

Christifor Cinord
Responsable des clubs Lions
décentralisés/ Head
of Decentralized
Lions Clubs

Cabinet

MEMBERS

MEMBRES DU CABINET

Joseph Jean-Baptiste

Président de Zone 1

Brizard Valcin

Président de Zone 2

Charlito Louissaint

Président de Zone 3

Marc D.D. Cornet

Président de Zone 4

Cabinet

MEMBERS

MEMBRES DU CABINET

Rochenel Pierre
Commission Sportive/
Sports Commission

Janis Walton
Commission Musicale/
Music Commission

Josué Jean
Development Committee

Michel Saint Marc
Commission d'aide
d'urgence/Emergency
Relief Commission

LIONS & LEOS

NAMES OF CLUB

CLUB NAME	LEOS CLUBS ASSOCIATES
Cabaret	
Dessalines	
Gonaïves	
Hugues St Pierre	
Gonaïves Mélodie de l'Espoir	
Gonaïves - Monferrier Dorval	
Gonaïves (Academy)	
Gonaïves (Communication)	
Gonaïves I	
Gonaïves III Savane de l'Espoir	Savane de l'Espoir (α) Espoir des Gonaïves (Ω) Lumière Collège Eben-Ezer (α) Excelsior Collège Eben-Ezer (Ω)
Gonaïves Noel	
Emmanuel Limage	
Gonaïves Pierre	
Richard Duchemin	
Gros Morne	
Jérémie I	
L'Estère	
La Vallée du Sud-Est	
Les Cayes - Philanthropes	
Marmelade	
Miragoane	
Port-au-Prince CENTRAL	Santo (α) Carrefour Feuilles (Ω) Faculté des Sciences (Ω)) Kiskeya (Ω)
Port-au-Prince Delmas	
Port de Paix (Entrepreneurs)	
St Michel de l'Attalaye	

Those who are happiest are those who do the most for others.

LIONS ET LEOS

NOMS DES CLUBS

NOM DU CLUB	LEOS CLUBS ASSOCIÉS
Cabaret	
Dessalines	
Gonaïves	
Hugues St Pierre	
Gonaïves Mélodie de l'Espoir	
Gonaïves - Monferrier Dorval	
Gonaïves (Académie)	
Gonaïves (Communication)	
Gonaïves I	
Gonaïves III Savane de l'Espoir	Savane de l'Espoir (α) Espoir des Gonaïves (Ω) Lumière Collège Eben-Ezer (α) Excelsior Collège Eben-Ezer (Ω)
Gonaïves Noel	
Emmanuel Limage	
Gonaïves Pierre	
Richard Duchemin	
Gros Morne	
Jérémie I	
L'Estère	
La Vallée du Sud-Est	
Les Cayes - Philanthropes	
Marmelade	
Miragoane	
Port-au-Prince CENTRAL	Santo (α) Carrefour Feuilles (Ω) Faculté des Sciences (Ω)) Kiskeya (Ω)
Port-au-Prince Delmas	
Port de Paix (Entrepreneurs)	
St Michel de l'Attalaye	

Les gens les plus heureux sont ceux qui font le plus pour les autres.

BOOKER T. WASHINGTON

HAITI LIONS FOUNDATION

Branch Two

THE HISTORY OF THE HAITI LIONS FOUNDATION

While Haiti was still only a Lions zone, William Eliacin, the President, set up the Lions Foundation of Haiti, which ensured this movement its official recognition at a national level. Additionally, the foundation was recognized as a Public Utility by official decree dated September 23, 2015, and published in the Official Journal "Le Moniteur", so that the Lions Foundation of Haiti has the enjoyment of the rights and prerogatives attached to the Civil Person.

The Foundation aims, among others, to:

• Gather the human, material and financial resources of the Lions Clubs of Haiti to contribute to the reconstruction of the country, and to promote and develop lionism in Haiti and in the world.
• Promote and support, with a spirit of unity, the actions aimed at the prevention and treatment of eye diseases and cardiovascular diseases.
• Subsidize activities related to environmental protection, education, culture, sports and leisure.
• Channel contributions from Haitian Lionism to LCIF projects.

The Lions Foundation of Haiti, like the LCIF International Foundation, will be chaired each year by the outgoing Governor.

Recognized as a public entity in Haiti since 2015, this year the Lions Foundation of Haiti will now reveal its full operating potential.

Fortunately, it will be directed by our past Governor, William Eliacin, who took the steps for its recognition as its founder.

The Lions Foundation of Haiti has a great role to play in Haiti development. To put things into context, when NGOs of foreign origin arrive in Haiti, foreigners are looking for people who can understand them.

Few people master other languages besides the vernacular, Creole. It is therefore the most educated people, the intellectuals, and the elites, who hold the attention of expatriates in search of NGOs for development projects. Even humanitarian organizations and service clubs are supervised by socially well-placed people. Lionism provides a solution from another angle.

Lionism goes where it is needed: "Where there is a need, there is a Lion".

The people most sensitive to the needs in Haiti are those of the middle class. They are able to fraternize with the people from which they came and their needs do not let them rest.

They studied enough to have a progressive spirit, and not enough to integrate NGOs. But other people's intellectual and financial qualifications are not conclusive or always effective.

Since Lionism does not discriminate, Lions clubs reach beyond social classes, each having its role to play. It is through Lionism that individuals who are not of the elite, may reach their full potential.

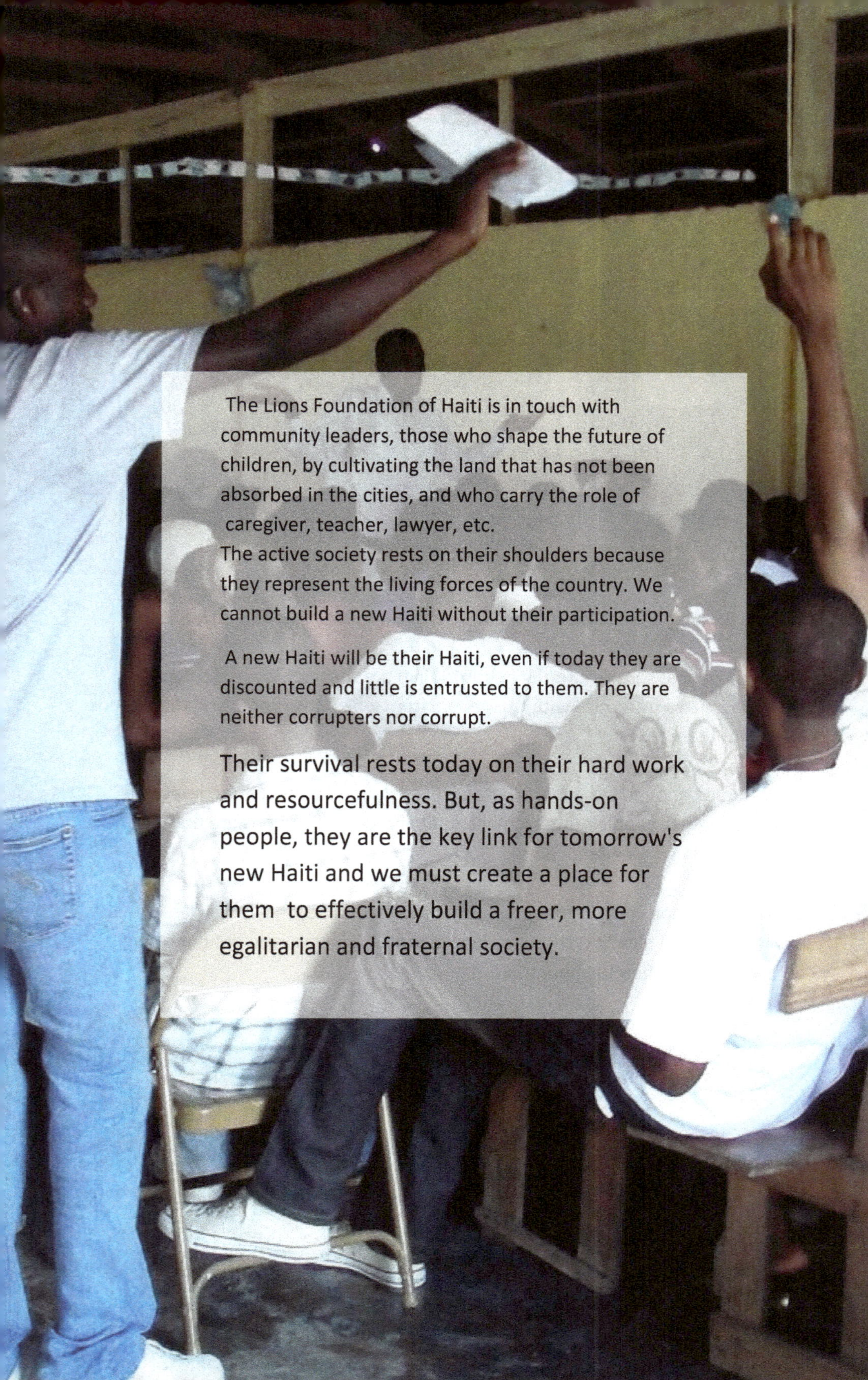

The Lions Foundation of Haiti is in touch with community leaders, those who shape the future of children, by cultivating the land that has not been absorbed in the cities, and who carry the role of caregiver, teacher, lawyer, etc.
The active society rests on their shoulders because they represent the living forces of the country. We cannot build a new Haiti without their participation.

A new Haiti will be their Haiti, even if today they are discounted and little is entrusted to them. They are neither corrupters nor corrupt.

Their survival rests today on their hard work and resourcefulness. But, as hands-on people, they are the key link for tomorrow's new Haiti and we must create a place for them to effectively build a freer, more egalitarian and fraternal society.

FONDATION DES LIONS D'HAITI

Branche Deux

HISTORIQUE DE LA FONDATION DES LIONS D'HAITI

Alors qu'Haïti n'était encore qu'une Zone sur le plan lionistique, William Eliacin qui en était le Président, a mis sur pied la Fondation des Lions d'Haïti, qui assurait au mouvement sa reconnaissance officielle au niveau national. De plus, cette fondation a été reconnue d'Utilité Publique par décret officiel le 23 septembre 2015, et publiée dans le Journal Officiel « Le Moniteur » afin que la Fondation des Lions d'Haïti ait la jouissance des droits et prérogatives attachés à la Personnalité Civile.

La Fondation a pour objectifs, entre autres, de :

- rassembler les moyens humains, matériels et financiers des Lions Clubs d'Haïti pour contribuer à la reconstruction du pays ainsi qu'au développement du lionisme en Haïti et dans le monde ;
- promouvoir et soutenir, de manière concertée, les actions visant à la prévention et au traitement des maladies de la vue et des maladies cardiovasculaires ;
- subventionner les activités relatives à la protection de l'environnement, à l'éducation, à la culture, aux sports et aux loisirs.
- Canaliser les apports du Lionisme haïtien vers les projets du LCIF.

La Fondation des Lions d'Haïti, tout comme la Fondation internationale LCIF, sera présidée chaque année par le Gouverneur sortant.

Reconnue d'utilité publique en Haïti depuis 2015, la Fondation des Lions d'Haïti va maintenant révéler son plein potentiel de fonctionnement. Elle sera dirigée heureusement par son fondateur, le Past-Gouverneur William Eliacin qui avait fait les démarches pour sa reconnaissance.

La Fondation des Lions d'Haïti a un grand rôle à jouer dans le développement en Haïti. Pour remettre les choses dans leur contexte, il faut savoir que lorsque des ONG d'origine étrangère arrivent en Haïti, les étrangers cherchent des gens qui puissent les comprendre. Peu de gens maitrisent d'autres langues à côté de la langue vernaculaire, le créole. Ce sont donc les personnes les plus éduquées, les intellectuels, les élites, qui retiennent l'attention des expatriés arrivant à la tête d'ONG pour des projets de développement.

Même les organisations à but humanitaire et les clubs de services sont encadrés par des gens socialement bien placés.

Le Lionisme aborde la question sous un autre angle. Le Lionisme va là où on a besoin de lui : « Là où il y a un besoin, il y a un Lion ». Or, les gens les plus sensibles aux besoins en Haïti sont ceux de la classe moyenne. Ils sont en mesure de fraterniser avec la masse dont ils sont issus et ses besoins ne les laissent pas en repos. Ils ont fait suffisamment d'études pour avoir un esprit progressiste, mais pas suffisamment pour intégrer les ONG. Or, les qualifications intellectuelles et financières ne sont pas tout. Puisque le Lionisme ne fait pas de discrimination, on doit y retrouver toutes les classes sociales, chacune ayant son rôle à jouer. C'est grâce au Lionisme que les gens qui ne sont pas de l'élite peuvent donner leur plein potentiel. La Fondation des Lions d'Haïti est en contact avec ces gens qui font bouger les communautés en façonnant l'avenir des enfants, en cultivant la terre qui n'a pas été absorbée dans les villes, et en jouant leur rôle de soignants, enseignants, juristes etc.

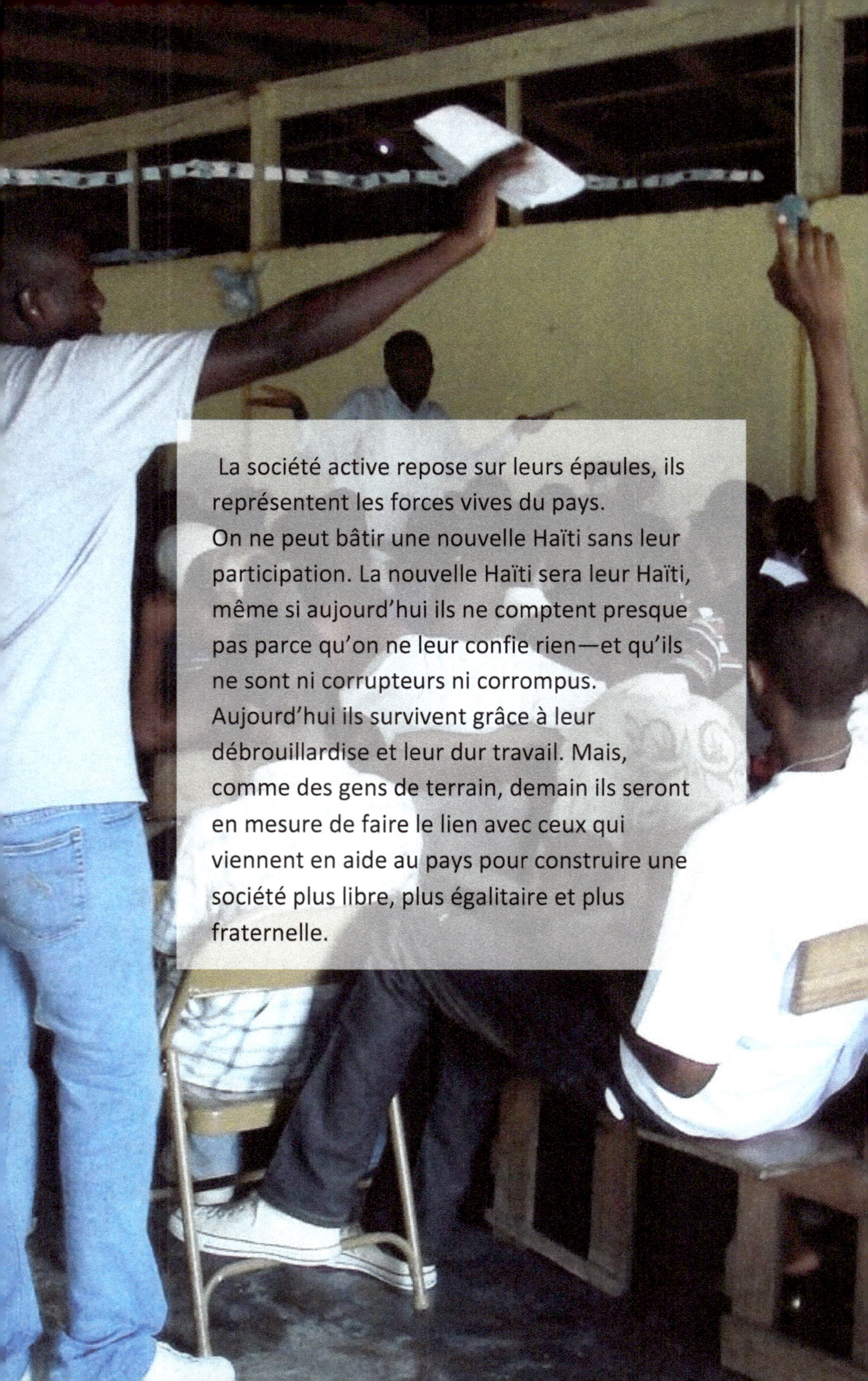

 La société active repose sur leurs épaules, ils représentent les forces vives du pays.
On ne peut bâtir une nouvelle Haïti sans leur participation. La nouvelle Haïti sera leur Haïti, même si aujourd'hui ils ne comptent presque pas parce qu'on ne leur confie rien—et qu'ils ne sont ni corrupteurs ni corrompus.
Aujourd'hui ils survivent grâce à leur débrouillardise et leur dur travail. Mais, comme des gens de terrain, demain ils seront en mesure de faire le lien avec ceux qui viennent en aide au pays pour construire une société plus libre, plus égalitaire et plus fraternelle.

Lionism explicitly[1] encourages "partnering with like-minded organizations in your community (as) a great way to increase the visibility, scope, and quality of your service projects."

2023-2024 PROJECTS
Lions

We have already identified several partners in Haiti in fields as diverse as sports, music, microfinance, and school cooperatives. Their combined actions contribute to an overall movement for the recovery of education and schools. LEOS are part of this movement. As youngsters, schoolchildren or post-schoolers, Leos are the electrons that revolve around the core of the school. They are always supervised by their Lions clubs which provide them with the orientation and the means.

A. Lions Quest

B. Financial empowerment of the Haitian school system / School co-operatives

C. Haitian Community Financial Network.

D. Sports Academy

E. Music

Athletics and music attract young people in Haiti. If they are offered in schools in an intensive and professional way, the schools take on a new flavor. The school becomes a social center and pivotal in the life of the community. Each school is placed into a cluster of schools which offers encouragement as well as competition. Each cluster is made up of 6 to 10 schools. Within these clusters, students are encouraged to form LEOS clubs as part of their after school programming. These LEOS are focused on working together in music or sports, as they rehearse and perfect their chosen discipline. LEOS clubs, like Lions clubs can be formed as specialized clubs, in music, in sports, in education, in agricultural, or entrepreneurial activity all in connection with the school co-operative.

[1] https://www.lionsclubs.org/en/search-result?keys=Developing+Local+Partnerships&items_per_page=10

Additionally, there is a financial component to these projects, because each of them generates income. From the smallest of LEOS to the coaching Lions, the financial incentive grows the programs and rewards those who participate. Students who set up school co-operatives, open the door to a community financial network. In this way young people are able to influence their parents, their teachers, and their community, under the benevolent and reassuring aegis of the senior Lions. Here is a list of our club partners. Others may be added as needed.

FIELD: SPORTS

- UCH Sports Academy
- Ministry of Youth, Sports and Civic Action (MJSAC) (Supervisory Ministry)

FIELD: FINANCIAL COMMUNITY NETWORK OF HAITI

- CECUCCH
- CNC (National Council of Cooperatives)

FIELD: SCHOOL CO-OPERATIVES

- COSCODHA, School Cooperatives of Haiti (Union of Co-Ops)
- And Ministry of National Education

FIELD: MUSIC

- Education pour les Nations / Education For The Nations
- Une seule voix / One Voice

LIONS
We Serve

Le Lionisme encourage explicitement[1] « le partenariat avec des organismes qui ont une mentalité similaire dans [la] communauté [afin] d'augmenter la visibilité, la portée et la qualité des projets de service ».

2023-2024 PROJETS *Lions*

En Haïti, plusieurs partenaires sont identifiés. Ils œuvrent dans des domaines aussi divers que le sport, la musique, la microfinance et les coopératives scolaires. Cependant, leurs actions conjuguées contribuent à un mouvement global de relèvement de l'école.
Les Léos sont les acteurs de ce mouvement. En tant que jeunes, écoliers ou post-écoliers, les Léos sont les électrons qui gravitent autour du noyau de l'école. Ils sont toujours encadrés par leurs clubs Lions qui leur fournissent l'orientation et les moyens.

A. Lions Quest
B. Coopératives scolaires / Autonomisation financière du système scolaire haïtien
C. Réseau financier communautaire haïtien
D. Académie Sportive
E. Musique

Le sport et la musique attirent les jeunes, c'est un fait. S'ils sont pratiqués au sein des écoles de façon intensive et professionnelle, l'école prend un autre goût. C'est la dimension sociale. L'école devient un pivot, voire le pivot de la vie sociale. Les écoles se constituent en grappes qui sont à la fois des lieux de complicité et de compétition. Chaque grappe d'écoles peut avoir de 6 à 10 écoles. Au sein des grappes, on encourage les élèves à former des clubs Leos dans leurs établissements. C'est en tant que Leos que les élèves pratiqueront le sport et la musique. Les clubs Leos comme les clubs Lions peuvent se former comme clubs spécialisés, dans la musique, dans le sport, dans l'enseignement, dans une activité agricole ou entrepreneuriale en lien avec la coopérative scolaire.

[1] https://www.lionsclubs.org/en/search-result?keys=Developing+Local+Partnerships&items_per_page=10

De plus, il y a aussi une dimension financière à la clé. C'est que toutes ces activités sont génératrices de revenus. Ainsi, depuis le plus petit des Leos jusqu'aux Lions encadreurs, tous recevront leur récompense. Les élèves mettront sur pied des coopératives scolaires qui ouvriront la porte à un réseau financier communautaire. Ainsi, les jeunes sont rendus aptes à influencer leurs parents, leurs enseignants et toute la communauté environnante, sous l'égide bienveillante et rassurante des Lions ainés. Voici les partenaires déjà proposés et contactés, auxquels les clubs peuvent ajouter d'autres partenaires s'ils le souhaitent.

DOMAINE: SPORTS

- Académie sportive de l'UCH
- Ministère de la Jeunesse, des Sports et de l'Action Civique (MJSAC) (Ministère de tutelle)

DOMAINE: RÉSEAU FINANCIER COMMUNAUTAIRE D'HAÏTI

- CECUCCH
- CNC (Conseil National des Coopératives)

DOMAINE: COOPÉRATIVES SCOLAIRES

- COSCODHA, Coopératives Scolaires d'Haïti (Union)
- Et Ministère de l'Education Nationale

DOMAINE: MUSIQUE

- Education pour les Nations / Education For The Nations
- Une seule voix / One Voice

LIONS
Nous Servon

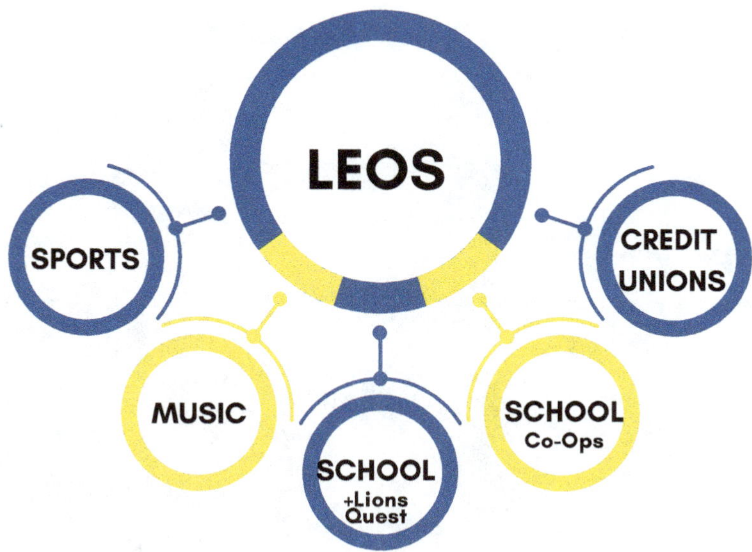

The initiatives proposed here are not exhaustive. Our intention is to energize Haitian lionism, and in particular LEOS. If LEOS in their schools and community clubs make themselves truly useful in the face of the Haitian challenge, the membership battle for Lionism will be largely won. May Haitians everywhere joyfully proclaim this good news: **"We serve!"**

A. LIONS QUEST

SOLID CONTENT

Lions Clubs International provides "Lions Quest," a comprehensive, universal, evidence-based social and emotional learning program.
This program can be applied in schools. It is a vital step in the formation of LEOS and the propagation of a civic spirit among school children in general.

LIONS QUEST
A Program of Lions Clubs International Foundation

"
AN INVESTMENT IN EDUCATION ALWAYS PAYS THE HIGHEST RETURNS

Benjamin Franklin

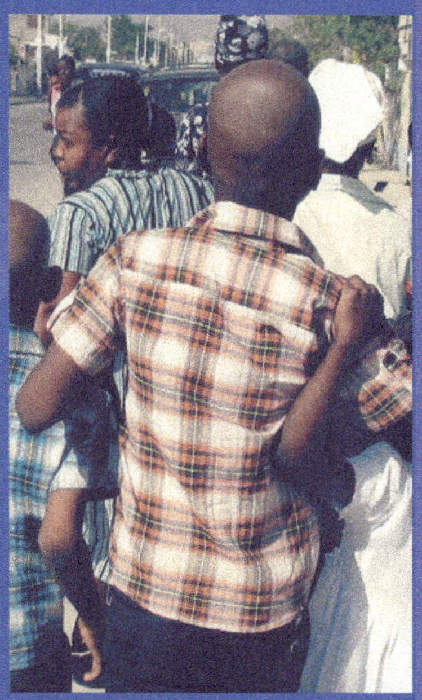

MODULES

The Lions Quest program provides knowledge and tools to enable children and adults to understand and manage their emotions, to achieve goals, and to show empathy.

- Personal development
- Protection against hazardous substances or toxic relationships
- Character development
- Personal leadership

BENEFICIARIES

The project targets children according to their level, and includes parents and teachers.

PARTNERS

LCIF is the partner that designed the LIONS QUEST program.

Lions Quest is a PreK-8 Social and Emotional Learning (SEL) program in use by educators in over 100 countries around the world.

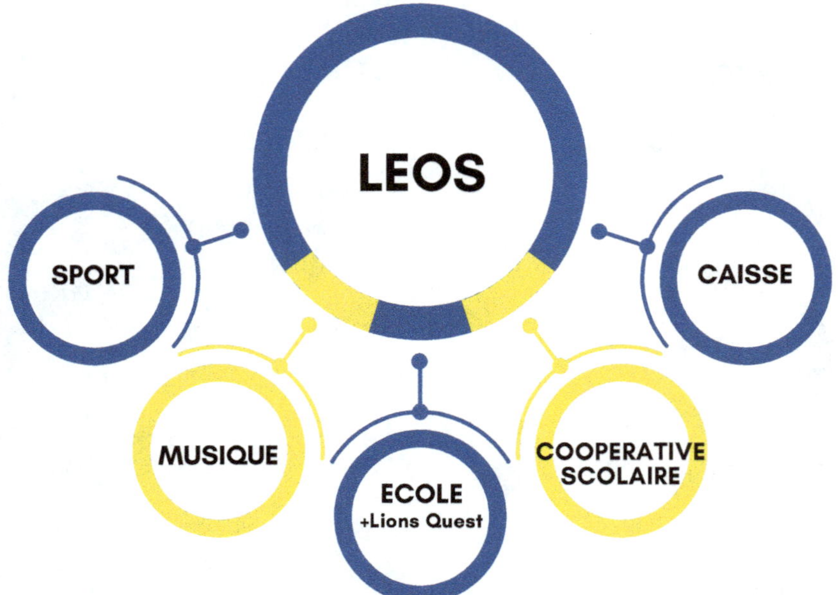

Les initiatives proposées ici ne sont pas exhaustives. Notre souci est de dynamiser le lionisme haïtien, et en particulier les Leos. Si les Leos dans leurs clubs scolaires et communautaires se rendent vraiment utiles face au défi haïtien, la bataille de l'effectif du Lionisme sera en grande partie gagnée aussi. Que les Haïtiens de partout proclament joyeusement cette bonne nouvelle : **« Ils servent ! »**

A. LIONS QUEST

UN CONTENU SOLIDE

Lions Clubs International met à disposition « Lions Quest », un programme d'apprentissage social et émotionnel complet et universel, fondé sur des données éprouvées. Ce programme peut être appliqué dans les écoles. Il est une étape capitale pour la formation des Leos et la propagation d'un esprit civique parmi les écoliers en général.

INVESTIR DANS L'ÉDUCATION EST TOUJOURS CE QUI RAPPORTE LES MEILLEURS RENDEMENTS

Benjamin Franklin

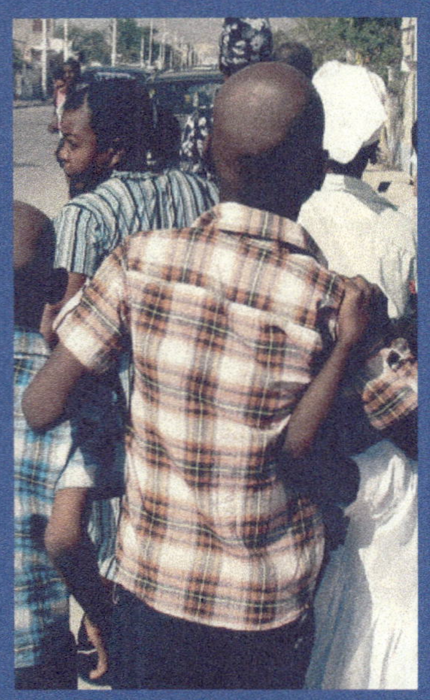

MODULES

Le programme Lions Quest donne des connaissances et des outils pour permettre aux enfants et aux adultes de comprendre et gérer leurs émotions, d'atteindre des objectifs, de faire preuve d'empathie.

- Développement personnel
- Protection vis-à-vis des substances dangereuses ou des relations toxiques
- Développement du caractère
- Leadership personnel

BENEFICIAIRES

Le programme vise les enfants selon leur niveau, les parents et les enseignants.

PARTENAIRE

LCIF est le partenaire qui a conçu le programme LIONS QUEST.

Lions Quest est un programme d'apprentissage social et émotionnel de la maternelle à la 9è AF utilisé par les éducateurs dans plus de 100 pays à travers le monde.

B. SCHOOL CO-OPERATIVES

GOALS

This program helps the school system grow and prosper by establishing a nationwide network of school cooperatives. They operate according to the law established for co-operatives.

MEMBERS

Members of a school co-operative are parents, students, teachers, former students, and the surrounding community.

PARTNER

SCHOOL CO-OPERATIVES AND LEOS

Students work to establish school cooperatives. LEOS are an integral part of these co-operatives as students. Each school co-operative operates one or more income-generating enterprise. The members of the co-op benefit from it as well as the educational institution. School co-operatives bring new recruits into the ranks of LEOS. It's a win/win.

COSCODHA, which federates school cooperatives in the country, offers them individualized support, in their relations with the National Council of Cooperatives, and seeks international outlets.

B. COOPÉRATIVES SCOLAIRES

OBJECTIFS

Ce programme aide le système scolaire à se développer et à prospérer en établissant un réseau de coopératives scolaires à l'échelle nationale. Elles fonctionnent selon la loi établie pour les coopératives.

MEMBRES

Les membres d'une coopérative scolaire sont les parents, les élèves, les enseignants, les anciens élèves et la communauté environnante.

PARTENAIRES

Le PARTENAIRE COSCODHA, qui fédère les coopératives scolaires dans le pays, leur offre un encadrement individualisé, les accompagne dans leurs relations avec le Conseil National des Coopératives, et cherche des débouchés internationaux.

Les élèves travaillent à mettre sur pied des coopératives scolaires. Les Léos qui sont également des élèves font partie intégrante de ces coopératives en tant qu'élèves. Chaque coopérative scolaire fait fonctionner une ou plusieurs entreprises génératrices de revenus. Les membres de la coopérative en bénéficient ainsi que l'institution scolaire. Les coopératives scolaires de leur côté, amèneront de nouvelles recrues dans les rangs des Léos. C'est un système gagnant/gagnant.

C. COMMUNITY FINANCIAL NETWORK

GOALS

COSCODHA, which federates school cooperatives in the country, offers them individualized support, supports them in their relations with the National Council of Cooperatives, and seeks international outlets.

LEOS AND COMMUNITY FINANCIAL NETWORK

Leos who are no longer in high school participate in the establishment of cooperative funds that will benefit the entire community, including themselves. They will receive their reward.

PARTNER

CECUCCH federates the savings and credit unions in the country, assists them in their relations with the Bank of the Republic of Haiti (BRH) and seeks international outlets.

RELATIONSHIP BETWEEN A FINANCIAL COOPERATIVE AND A SCHOOL

When a school has a school cooperative:

1. The school may become a member of the savings and credit union.
2. Students pay their tuition fees to the credit union.
3. The credit union makes the school payroll
4. The education committee helps the school to launch a school-based business
5. Lions are introduced to income-generating projects.
6. The small business becomes a member of the cooperative fund.
7. The credit union can make loans to both the school and the school cooperative.
8. Parents, teachers, and members of the community can obtain loans from the fund if they are recommended by the school.
9. The credit union can identify suppliers and investors across Haiti and abroad on behalf of its members and members of school co-operatives.

COOPERATIVES

"When individuals join in a cooperative venture,
the power generated far exceeds what they
could have accomplished acting individually."

R. Buckminster Fuller

C. RÉSEAU FINANCIER COMMUNAUTAIRE

OBJECTIFS

Les coopératives scolaires de ce mouvement fonctionnent de pair avec des coopératives financières ou « caisses ». Chaque coopérative scolaire est membre d'une caisse coopérative ou coopérative financière, dans laquelle les membres mettent leur argent en commun ; cette action permettra d'attirer d'autres fonds de l'extérieur.

LEOS ET RESEAU FINANCIER COMMUNAUTAIRE

Les Leos qui ne sont plus des élèves participent à la mise en place des caisses coopératives qui bénéficieront à toute la communauté, y compris eux-mêmes. Ils recevront leur récompense.

LE PARTENAIRE

CECUCCH fédère les caisses d'épargne et de crédit dans le pays, les assiste dans leurs relations avec la Banque de la République d'Haïti (BRH) et cherche des débouchés internationaux.

Lorsqu'une école a une coopérative scolaire :

1. L'école peut devenir membre de la caisse.
2. Les élèves paient leurs frais de scolarité à la caisse coopérative.
3. La caisse effectue le payroll de l'école
4. Le comité d'éducation aide l'école à lancer une entreprise née de l'école
5. Les Lions s'initient à des projets générateurs de revenus.
6. L'entreprise devient membre de la caisse.
7. La caisse peut faire des prêts à la fois à l'école et à la coopérative scolaire.
8. Les parents, les enseignants et les membres de la communauté peuvent obtenir des prêts de la caisse s'ils sont recommandés par l'école.
9. La caisse peut identifier des fournisseurs et des investisseurs à travers Haïti et à l'étranger au nom de ses membres et des membres des coopératives scolaires.

COOPERATIVES

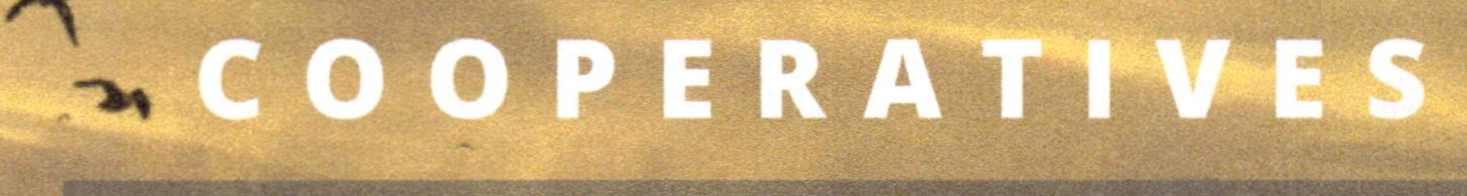

"Lorsque des individus se joignent à une entreprise coopérative, la puissance générée dépasse de loin ce qu'ils auraient pu accomplir individuellement."

R. Buckminster Fuller

D. SPORTS ACADEMY PROJECT

MAIN OBJECTIVE:

- Bring together the schools or sports centers of the Republic of Haiti around a common vision.
- The sports centers will make it possible to join an international network.
- This will make it possible to re-establish Haiti in the community of nations through sport.
- These will be income-generating projects.

SPECIFIC OBJECTIVES:

- Spread sportsmanship in schools; encourage schools to start sports activities
- Supervise local schools and centers
- Continue the Special Olympics program for the disabled
- Organize inter-school, inter-city,and inter-departmental competitions
- Promote gifted players locally, nationally and internationally.
- Initiate a partnership between schools overseas.
- Make sports profitable at all levels.

BENEFICIARIES:

This project is open to everyone.

PARTNER:

The UCH Sports Academy interfaces with the supervisory ministry, which is the Ministry of Youth, Sports and Civic Action (MJSAC).

The power of
a sports team
in a community,
it's almost indescribable.

WENDELL PIERCE

D. PROJET D'ACADÉMIE SPORTIVE DE L'UCH

OBJECTIF GÉNÉRAL :

- Rassembler les écoles ou centres sportifs de la République d'Haïti autour d'une vision commune.
- Les centres sportifs permettront de rentrer dans un réseau international.
- Ceci permettra de rétablir Haïti dans le concert des nations à travers le sport.
- Ce seront des projets générateurs de revenus.

OBJECTIFS SPÉCIFIQUES :

- Répandre l'esprit sportif dans les écoles ; inciter les écoles à démarrer des activités sportives
- Encadrer les écoles et centres locaux
- Poursuivre le programme Special Olympics à l'intention des handicapés mentaux
- Organiser des compétitions inter-écoles, inter-villes, inter-départementales
- Faire connaître les meilleurs joueurs sur le plan local, national et international.
- Initier un partenariat entre écoles des deux côtés de l'océan. Encadrer les écoles et centres locaux.
- Rentabiliser le sport à tous les niveaux.

BENEFICIAIRES:

Ce projet est ouvert à tous.

LE PARTENAIRE :

L'Académie sportive de l'UCH fait l'interface avec le ministère de tutelle, qui est le Ministère de la Jeunesse, des Sports et de l'Action Civique (MJSAC).

Le pouvoir d'une équipe sportive dans une communauté, c'est presque indescriptible.

WENDELL PIERCE

MAIN OBJECTIVE:

Bring together the schools of the Republic of Haiti around a common vision which is to restore Haiti in the concert of nations through music.

E. MUSIC IN SCHOOLS

SPECIFIC OBJECTIVES:

- Provide training and continuing education opportunities to music educators for music proficiency and excellence at a nation-wide level.
- Popularize music throughout Haiti, via LEOS clubs and especially through schools:
- Teach Music theory to students and teachers
- Expose students and teachers to a variety of music genres. Provide sheet music and materials for teaching.
- Provide Instruments
- Supervise local schools and centers.
- Create choirs, bands, orchestras in schools.
- Recruit the best musicians for the creation of groups at the national level.
- Promote gifted musicians locally, nationally and internationally.
- Train high-level musicians.
- Initiate a partnership between schools in Haiti and overseas
- Make music profitable at all levels.
- Offer opportunities for music festivals, conferences, and adjudication.

BENEFICIARIES:

This project is open to everyone. The practice of music develops positive character traits: discipline, teamwork, concentration and time management, patience, problem solving, confidence and self-esteem etc.

PARTNERS:

The partners are "Education for the Nations", an exchange program between students from different countries and Haiti, and "One Voice" (Une seule voix) which allows exchanges of musical groups (vocals and instrumental) between schools in different countries.

"Music is a more potent instrument than any other for education because rhythm and harmony find their way into the inward places of the soul."

Plato

OBJECTIF GÉNÉRAL:

Rassembler les écoles de la République d'Haïti autour d'une vision commune qui est de rétablir Haïti dans le concert des nations à travers la musique.

E. MUSIQUE DANS LES ÉCOLES

OBJECTIFS SPÉCIFIQUES:

- Former des encadreurs pour la musique au niveau du pays
- Former et/ou recycler des professeurs de Musique
- Vulgariser la musique sur tout le territoire d'Haïti, via les clubs Leos et notamment au travers des écoles :
    - Théorie musicale
    - Chant
    - Instruments
- Encadrer des écoles et centres locaux.
- Créer des chorales, fanfares, orchestres dans les écoles
- Recruter les meilleurs musiciens pour la création de groupes au niveau national
- Promouvoir les meilleurs musiciens sur le plan local, national et international.
- Former des musiciens de haut niveau.

- Initier un partenariat entre écoles des deux côtés de l'océan.
- Rentabiliser la musique à tous les niveaux.

BÉNÉFICIAIRES:

Ce projet est ouvert à tous. La pratique de la musique développe des traits de caractère positifs : discipline, travail en équipe, concentration et gestion du temps, patience, résolution des problèmes, confiance et estime de soi etc.

PARTENAIRES:

Les partenaires sont « Education pour les Nations » (Education For The Nations), un programme d'échange entre étudiants de différents pays et Haïti, et Une Seule Voix (One Voice) qui permet des échanges de groupes musicaux (vocaux et instrumentaux) entre écoles de différents pays.

"La musique est une
discipline clé dans
l'éducation,
car le rythme et
l'harmonie pénètrent
dans les profondeurs de
l'âme."

Platon

INTERNATIONAL DEVELOPMENT OF LIONS AND LEOS CLUBS

Branch Three

This project focuses on interrelationships between Haitians in the diaspora and those in Haiti. Haitians in the diaspora yearn to help their country but do not know how to go about it. They suffer all kinds of disappointments in their projects, the money may be mismanaged, they are taken for richer than they are, it affects business relationships and even family relationships. It is a matter of lack of vision and lack of leadership.

The leadership crisis that exists in Haiti is even more acute abroad. Yet leadership training is a strong point of Lionism, from the age of entry into LEOS and throughout life.

OBJECTIVES:

- Promote the Lions movement to Haitians in the Diaspora
- Help start Lions and Leos Clubs in the Haitian Diaspora.
- Create bridges between Haitian clubs abroad and those in Haiti.
- Facilitate the development and execution of joint projects between clubs operating in Haiti and abroad.
- Facilitate the integration of Haitian clubs into a local District in the country where they are registered.

Haiti is the first,

independent black nation in the world, has not had it easy, between economic and political crises, natural disasters, corruption, and now organized crime. Since its birth in 1804, Haiti has been repeatedly threatened with destruction. Many recently thought that the end of this nation was near. After all, many peoples in the world, after a glorious history, have been wiped off the map.

Probably the only people who have become a nation again after repeatedly experiencing destruction, exile, occupation and even genocide, is Israel. And if it was able to rise from its ashes, it was because the Jews returned to their homeland by whole planes.

Haiti is still there. Will its reconstruction not require a great movement of return from the Haitian diaspora? Michel Morisset, the new Governor, strongly believes in this, which is why he encourages the creation of Lions clubs in this diaspora.

Haitians have freedom at their heart, and a thirst to see their country restored. For decades, they hesitated to invite their Haitian brothers to return, thinking that they had acculturated and become like foreigners.

It was partlially true, but there was a change in mentality on both sides. Haitians abroad have realized that they are Haitians and cannot be anything else. Those in the country have realized that no foreigner can accommodate challenges more easily than a native Haitian.

Even if he has taken other habits, a Haitian will always be Haitian. Strangers will tend to want to return home when life becomes too difficult or the situation too tense. All Haitians know that if they want to regain their own identity, they must work for the happiness of their country. And those who are settled in Haiti have understood that it is necessary to accept an effort to accommodate those coming from abroad, because no one can replace them.

During the latest calamities that have fatally struck the country, when the United Nations considered sending foreign forces into a country considered to be at war, the inhabitants proclaimed loudly and clearly that they did not want an "occupation". Ultimately, we saw Canadian warplanes crisscrossing the skies of Haiti as if to threaten the bandits, who did not care about their planes and their war tanks, some of which were even burned. Eventually, Haitians had their patience drawn to their wit's end; they bought all the machetes available in the shops , and what the guns and the tanks of war could not do, was settled or is being settled with the machete. Kidnapping is drastically decreasing, bandits are leaving the capital and major cities, and they are being arrested or killed or sometimes arrested, and then killed. They have also been arrested in the United States and the Dominican Republic. So the people, with the means at hand, did better and more efficiently than the foreign forces regarding security. For economic development, the

NGO's that come to help arrive with their programs planned and ready-made. Once they arrive in the country, they spend millions without clearly seeing actual change. Development should be community first. The members of the community must be involved as artisans for their own development, even as others come alongside to help. This is the reason many NGO's cannot succeed. It is easier for a Haitian returning from abroad to reintegrate into his community, then for a foreigner to learn a new culture and language. With efforts on both sides, we can meet halfway on questions of language, tradition, and culture. It may be difficult or impossible for a "diaspora" individual to resume his old way of life, but his knowledge of the environment and the mentality, gives him a head start when it comes to analyzing needs and change.

THE DIASPORA

understand what needs to be done and what compromises to accept.

It is easier for the Haitian who returns to Haiti, to prosper, because he returns with know-how. And it is easier for him to find help to apply the principles he has learned abroad. Nationals are proud to work alongside a visitor if they know they understand each other. It is almost a duty for the one who returns to set to work, because he owes something to this corner of the earth where he was born. He can also find help from his family, his former classmates, etc. and because he is helping his own people, it is easier for him to be accepted and loved. His projects seem more creative, his ideas better than the others. Ideas and contacts are considered to be wealth. And he knows where to find tools, products and everything needed to complete a job. He knows that

supplies are less expensive in country. Haitians are creative at using what they have to do more. The community will take the donation to benefit more than one purpose, like creating jobs within the community.

So, the individual from the Haitian diaspora has many advantages over the newly arrived foreigner. Conversely, many foreigners struggle to understand what needs to be done at all. Lionism offers Haiti District P partner clubs. In the past, we had to trust those who talked a "good talk" and advanced funds would disappear. But when you have a club in Haiti that works with a partner club in the diaspora, supervised by the district, this side-by-side program can be very beneficial. We rely heavily on this program, especially for school communities, which include Alpha and Omega LEOS, parents and teachers. Isn't it wonderful for Haitian Lionism to be at the root of the movement for Haitians to return to their native land.

We hope this will be a fruitful year for Lionism and for Haiti.

Good luck to all and success!

District P Sowing Hope

Haitian Lionism had remained on a plateau for decades, when a delegation, led by the International Director Rodolfo Espinal, came to Haiti, and inducted about thirty leaders from the ten departments of Haiti .These Lions leaders have returned to their communities to spread the movement there.

The proliferation of clubs in Haiti over the past two years has made it possible to move from Zone status to District status. All of this took place despite political unrest in Haiti, travel difficulties, and other problems: District P was deliberately going against the grain, sowing hope.

Partner Clubs

Two years later, District P is giving birth to another ambitious project, that of extending its roots to bring Lionism to the Haitian milieu in a foreign land. Several Haitian Lions clubs in the diaspora are being organized. They will be specialized clubs in the Haitian diaspora.

The first club will be presented by District P to Lions Clubs International as a virtual club with members from several states in the United States. Each new club in the diaspora will have a partnership with a club of its choice in District P of Haiti

DEVELOPPEMENT INTERNATIONAL DES CLUBS LIONS ET LEOS

Branche Trois

Ce projet est axé sur des interrelations entre les Haïtiens de la diaspora et ceux d'Haïti. Souvent, les Haïtiens de la diaspora aspirent à aider leur pays mais ne savent pas comment s'y prendre. Ils essuient toutes sortes de déceptions dans leurs projets, l'argent est mal géré, on les prend pour plus riches qu'ils ne sont, cela affecte les relations d'affaires et même les relations familiales. C'est une question de manque de vision et de déficit de leadership.

La crise de leadership qui existe en Haïti est encore plus aiguë à l'étranger. Or, la formation en leadership est un point fort du Lionisme, depuis l'âge de l'entrée dans les Leos et pendant toute la vie.

OBJECTIFS:

- Faire connaître le mouvement des Lions aux Haïtiens de la diaspora
- Aider à démarrer des Clubs Lions et Leos dans la diaspora haïtienne
- Créer des ponts entre les clubs haïtiens à l'étranger et ceux d'Haïti
- Faciliter l'élaboration et l'exécution de projets communs entre les clubs opérant en Haïti et à l'étranger
- Faciliter l'intégration des clubs haïtiens à un District local dans le pays où ils sont enregistrés.

Haïti, première nation

noire indépendante dans le monde, n'a pas eu la vie facile, entre crises économiques et politiques, catastrophes naturelles, corruption, et maintenant le grand banditisme. Depuis sa naissance en 1804, Haïti a été menacée de destruction à plusieurs reprises. Beaucoup pensaient récemment que la fin de cette nation était proche. Après tout, bien des peuples dans le monde, après une histoire glorieuse, ont été rayés de la carte.

Le seul peuple, probablement, qui soit redevenu une nation après avoir connu à maintes reprises la destruction, l'exil, l'occupation et jusqu'au génocide, c'est Israël. Et s'il a pu renaître de ses cendres, c'est bien parce que les Juifs sont revenus dans leur patrie par avions entiers.

Haïti est toujours là. Sa reconstruction ne va-t-elle pas demander un grand mouvement de retour de la diaspora haïtienne ? Michel Morisset, le nouveau Gouverneur, y croit fortement, c'est pourquoi il encourage la création de clubs Lions dans cette diaspora.

Les Haïtiens ont la liberté chevillée au corps, et une soif de voir leur pays restauré. Pendant des décennies, ils hésitaient à inviter leurs frères haïtiens à revenir, pensant qu'ils étaient acculturés et devenus comme des étrangers.

C'était vrai en partie, mais il y a eu un changement de mentalité des deux côtés. Les Haïtiens de l'étranger ont réalisé qu'ils étaient haïtiens et ne peuvent pas être autre chose. Ceux du pays ont réalisé qu'aucun étranger ne peut s'accommoder plus facilement des défis qu'un Haïtien d'origine. Même s'il a pris d'autres habitudes, un Haïtien sera toujours haïtien.

Les étrangers auront tendance à vouloir rentrer chez eux quand la vie devient trop difficile ou la situation trop tendue. Tous les Haïtiens savent que, s'ils veulent retrouver leur identité propre, ils doivent travailler pour le bonheur de leur pays. Et ceux qui sont installés en Haïti ont compris qu'il faut accepter un effort pour accommoder ceux venant de l'étranger, car personne ne peut les remplacer.

Pendant les dernières calamités qui frappent mortellement le pays, alors que les Nations Unies ont pensé à envoyer des forces étrangères dans un pays considéré comme en guerre, les habitants clament haut et fort qu'ils ne veulent pas d'une « occupation ». En définitive, on a vu des avions de guerre canadiens sillonner le ciel d'Haïti comme pour menacer les bandits, qui se moquaient bien de leurs avions et de leurs chars de guerre, dont certains ont même été brûlés. Finalement, les Haïtiens à bout de patience ont acheté toutes les machettes disponibles dans les magasins, et ce que n'ont pas pu faire les armes à feu et les chars de guerre, s'est réglé ou est en train de se régler avec la machette. Le kidnapping est en train de diminuer drastiquement, des bandits quittent la capitale et les grandes villes et se font arrêter ou tuer, parfois arrêter puis tuer. On en a arrêté aussi aux Etats-Unis et en République Dominicaine. Donc le peuple, avec les moyens du bord, a fait mieux et plus efficacement que les forces étrangères concernant la sécurité.

Pour le développement économique, les ONG qui viennent aider arrivent avec leurs programmes planifiés, prêts-à-porter.

Arrivés dans le pays, ils dépensent des millions sans qu'on voie vraiment le changement, car le développement devrait être d'abord communautaire : les membres de la communauté doivent être impliqués comme des artisans de leur propre développement, même si d'autres personnes viennent apporter de l'aide. C'est pourquoi les ONG ne peuvent réussir. Il est plus facile à un Haïtien qui revient de l'étranger de se réintégrer dans sa communauté. Même s'il y a un effort à faire des deux côtés, on peut se rejoindre à mi-chemin dans les questions de langue, de traditions, de culture. Il peut être difficile ou impossible à un «diaspora» de reprendre son ancien mode de vie, mais possédant la connaissance du milieu et de la mentalité, il peut au moins analyser ce qui doit être changé. Il comprend ce qui est à faire et peut accepter des compromis. Au contraire, il peut arriver que les étrangers ne comprennent même pas ce qui doit être changé.

Le 24 août 2019, au Karibe Center à Port-au-Prince, avait lieu une cérémonie inhabituelle en vue de la formation de clubs spécialisés dans la Zone d'Haïti, en présence de plusieurs dignitaires Lions de rang international.

District P : Semer l'espérance

Le lionisme haïtien était resté sur un plateau pendant des décennies. Lorsque cette délégation conduite par le Directeur International Rodolfo Espinal est venue en Haïti, ils ont intronisé une trentaine de leaders venus des dix départements. Ceux-ci, comme des têtes de ponts, sont retournés dans leurs communautés pour y propager le mouvement.

La multiplication des clubs en Haïti depuis deux ans a permis de passer du statut de Zone au statut de District. Tout cela se déroulait en dépit des troubles politiques en Haïti, des difficultés de déplacements et autres problèmes : le District P allait volontairement à contre-courant, semant l'espérance.

IL EST PLUS FACILE POUR L'HAÏTIEN QUI REVIENT EN HAÏTI DE PROSPÉRER

car il revient avec le savoir et le savoir faire.

Il est plus facile pour lui de trouver de l'aide et d'appliquer les principes qu'il a pu apprendre. Les habitants sont plus fiers de travailler aux côtés d'un parent s'ils savent par quel bout le prendre et qu'ils se soutiennent les uns les autres. C'est presque un devoir pour celui qui revient de se mettre à l'œuvre. Il doit quelque chose à ce coin de terre qui l'a vu naitre. Il peut aussi trouver de l'aide auprès de sa famille, de ses anciens condisciples etc. Il est en train d'aider les siens, il est l'un des leurs, c'est plus facile de se faire accepter et aimer. Les projets semblent plus créatifs, il a plus d'idées que les autres. Les idées et les contacts sont des richesses. Il sait où trouver des outils, des produits et tout ce qu'il faut pour réaliser un ouvrage. Finalement, on sait que tout est moins cher dans le pays, car les Haïtiens sont ingénieux, ils peuvent travailler avec les moyens du bord, et ne pas rater le but. La communauté est dans le besoin, on peut créer du travail, c'est une façon de s'aider soi-même, d'en aider d'autres en créant des emplois, et la communauté bénéficie des services de chacun.

Ce que nous offre le lionisme, ce sont des clubs partenaires. Autrefois on était obligé de faire confiance à des beaux parleurs, et l'argent avancé disparaissait. Mais quand on a un club en Haïti qui fonctionne avec un club partenaire de la diaspora, encadrés par le district, le programme de jumelage peut être très bénéfique. Nous comptons beaucoup sur ce programme, surtout pour les communautés scolaires. Les Léos Alpha et Omega, les parents et les professeurs… n'est-ce pas merveilleux pour le lionisme haïtien d'être à la base du mouvement de retour des Haïtiens au pays natal.

Nous espérons que ce sera une année fructueuse pour le Lionisme et pour Haïti.

Bon courage à tous et du succès !

Clubs Partenaires

Deux ans plus tard, le District P est en train de donner naissance à un autre projet ambitieux, celui d'étendre ses racines pour apporter le Lionisme dans le milieu haïtien en terre étrangère. Plusieurs clubs Lions haïtiens de la diaspora sont en train de s'organiser.

Ils seront des clubs spécialisés dans la diaspora Haïtienne.
Le 1er club sera présenté par le District P au Lions Clubs International comme un club virtuel comportant des membres de plusieurs états des États-Unis. Puis chaque nouveau club de la diaspora aura un partenariat avec un club de son choix du District P d'Haïti.

An international team of writers, artists and journalists works at the information and communications office of Haitian Lionism. This team is responsible for conducting all interviews, online training sessions. It is also responsible for the production of the annual Lionism Newsletter. Finally, it engages in research work for the benefit of Lions and Leos, and the results of this research are published nationally and internationally for Leos and Haitian Lions.

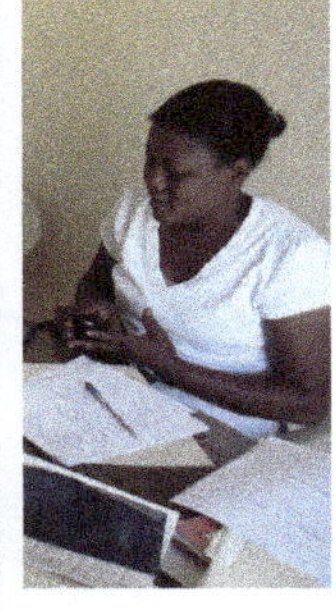

Une équipe internationale composée d'écrivains, d'artistes et de journalistes travaille au bureau d'information et de communications du Lionisme haïtien. Cette équipe est chargée de réaliser toutes les interviews, les entretiens, les séances de formation en ligne. Elle est aussi responsable de la production du Bulletin annuel d'informations du Lionisme. Elle se livre enfin à des travaux de recherches au profit des Lions et des Leos, et les résultats de ces recherches sont publiés sur le plan national et international à l'intention des Leos et des Lions haïtiens.

www.ingramcontent.com/pod-product-compliance
Lightning Source LLC
Chambersburg PA
CBHW072339270726
48659CB00022B/1985